LIFESTYLES
Nature & Architecture

Photography by Michael Calderwood

Text by Luis Mariano Acévez

Casas en la Costa Mexicana
Pacific Coastal Homes

Fernando de Haro • Omar Fuentes

editores / publishers

Fernando de Haro & Omar Fuentes

diseño y producción / design & production

dirección del proyecto / project development

Valeria Degregorio Vega
Martha P. Guerrero

colaborador / colaborator

Mónica Escalante Cervantes

fotógrafo / photographer

Michael Calderwood Stock

texto original / original copy

Luis Mariano Acevez

traductor / translator

Julia Mercedes Castilla

Casas en la Costa Mexicana
Pacific Coastal Homes

© 2002, Fernando de Haro & Omar Fuentes

AM Editores S.A. de C.V.
Paseo de Tamarindos #400B suite 102
Col. Bosques de las Lomas C.P. 05120
México D.F. (52) 5258-0279 fax.52 (55) 5258-0556
E-mail: ame@ameditores.com
www.ameditores.com

ISBN 968-5336-09-1

Impreso en Hong Kong - *Printed in Hong Kong*

CONTENTS

NUESTRO PASO POR EL MUNDO

La necesidad humana más importante es experimentar el sentido, el significado de las cosas. Una vida vacía es una vida carente de significado, tanto como una vida es plena cuando está rodeada de objetos, personas y experiencias que tengan un sentido. La vida verdaderamente humana solo es posible en un conjunto de lugares significantes. Eso es habitar y el propósito de la arquitectura es facilitar, acompañar y envolver esa experiencia. La buena arquitectura es siempre un escenario por el que transcurre la vida dejándonos marcas definitivas, con experiencias que nos hacen crecer como personas, que nos transforman y nos ayudan a descifrar lo que significa ser y estar en este mundo.

Para poder habitar entre el cielo y la tierra, que es el lugar donde la humanidad vive, necesitamos entender lo que es el cielo y la tierra y como se relacionan entre sí. "Entender" quiere decir una comprensión más allá de lo racional, con la participación de todo nuestro organismo: intuición, sensibilidad y emoción, además del pensamiento.

INTRODUCTION
introducción

OUR JOURNEY THROUGH THE WORLD

One of the most important human needs is to be able to experience the sense and meaning of things. An empty life has no significance. A life is complete when it is surrounded by situations, people and experiences that have meaning. Only a few important places make human life possible. The purpose of architecture is to facilitate, help and surround this experience. Good architecture sets the stage where life takes place, leaving indelible marks and experiences that make us grow, transforming us and helping us understand the meaning of living in this world. In order to live between heaven and earth—dwelling place of humanity-- we need to understand what heaven and earth are and how they relate to each other. "To understand" heaven and earth means to comprehend beyond rationality, in conjunction with our whole being--intuition, sensibility and emotion, besides thought.

Cuando el medio ambiente es significativo, cuando "nos habla", nos sentimos en casa. Comprendemos cuál es nuestro lugar en el mundo cuando sabemos lo que se siente al caminar sobre ese piso, cómo se escucha el viento y el mar, cuáles son las flores con aroma más intenso por la mañana y a qué saben los mangos de mayo; por dónde sale el sol, qué forma tienen las nubes que caerán al atardecer y cómo se mueven las constelaciones por la noche. Esta comprensión completa del lugar es el desafío más difícil para los arquitectos y de ella depende la excelencia de la arquitectura. Porque cada lugar, cada paisaje, cada terreno, es mucho más que un registro de dimensiones, un inventario de vistas o un plano de características topográficas. Cada sitio tiene su propia estructura y sus propios significados. Su propio espíritu, su genius loci.

La tarea del arquitecto consiste, precisamente, en descubrir ese espíritu y revelar su genio dialogando con él a través de la arquitectura. Subrayarlo, enmarcarlo, realzarlo, mostrarlo, de tal modo que pueda hacerse la pregunta ¿qué fue primero: la arquitectura o la naturaleza?

When the environment is significant, when "it talks to us", we feel at home. We understand our place in the world when we know how it feels to walk on the ground, to listen to the wind and sea, to know what flowers are more fragrant in the morning, how mangoes in May taste, where the sun rises, what are the shapes of the clouds at sunset and how the constellations move at night. A good understanding of place is the challenge that faces architects. Excellence in architecture lies precisely in this understanding because each place, landscape or terrain is more than a dimension, an inventory of sights or a topographical blueprint. Each site has its own structure, significance and spirit, its genius loci. The task of the architect is to discover this spirit and reveal it through architecture, underlying, framing, enhancing, and displaying it. The question would then be: what came first, nature or architecture?

Esta es la cualidad esencial de la gran arquitectura, independientemente del lugar donde se encuentre, de su tamaño, de su función, su costo o la época en que fue construida. Es el caso de Teotihuacán tanto como del Museo Guggenheim en Manhattan, la Ciudad Prohibida o la casa Milá en Barcelona.

Porque es absolutamente imposible prescindir de la naturaleza, la arquitectura mantiene siempre una estrecha relación con ella y de ella depende, del mismo modo en que el significado de la naturaleza —su genio, su intensidad, su fuerza, sus tensiones y su misterio— depende de la arquitectura que la revela.

El espíritu de las costas mexicanas del Pacífico, su "genius loci", se manifiesta en el mar, en la tierra quebrada, la arena suave y dorada, el perfil del horizonte, el cielo alto, la vegetación y el viento, la estrella mayor del día y las estrellas pulverizadas por la noche. Las playas mexicanas son lugares de encuentro, transiciones, lugares "entre..." No son sitios donde se enfrenten polos opuestos: la luz y la oscuridad, el hielo y el fuego, las aves y los reptiles. Lo que sucede en estas costas y en estas playas es algo distinto. Se trata de un encuentro con una enorme carga sensual, erótica: el agua barre y borra la arena y luego la penetra dejando como huella efímera una espuma blanca, salada y fresca, frágil y susurrante; el sol y la luna incendian los horizontes; ante el clamor de las gaviotas los pelícanos se clavan tras las olas; los peces juegan entre las piernas de los niños y los caracoles ruedan junto a guijarros que alguna tarde serán también arena.

La playa es conversación y encuentro de la naturaleza consigo misma, un territorio de caricias firmes y suaves, un espacio que nos permite "estar entre": por eso, un espacio eminentemente humano. La montaña, el bosque y el desierto imponen su grandeza, nos empequeñecen. La playa, al contrario, es un lugar donde la naturaleza reposa y se disfruta a sí misma. Es un lugar domesticado.

This is the essential quality of great architecture, aside of place, size, function, cost or time of construction. Such is the case of Teotihuacán in Mexico, the Guggenheim Museum in Manhattan-- the Forbidden City--or Milá's house in Barcelona. Because it is absolutely impossible to dispense with nature, architecture keeps a close relationship with it. Architecture depends on nature in the same way that nature--its genius, intensity, strength, tension and mystery--depends on what architecture reveals.

The sea, uneven earth, soft golden sand, horizon, sky, vegetation and wind, the day's big star and the pulverized stars of the night, all together shape the spirit of the Mexican Pacific coast, its "genius loci". Mexican beaches are places of meeting and transition. They are 'in between' places. They are not places where opposites come face to face: light and darkness, ice and fire, birds and reptiles. What happens in these beaches is different. It is more of a meeting with a huge sensual, erotic charge. The water sweeps and erases the sand, then absorbs it, leaving a short-lived print of white foam, salty, cool, frail and whispering. The sun and moon burn the horizon. At the uproar of seagulls, pelicans dive behind waves. Fish play between children's legs and snails roll beside the pebbles that, one day, will become sand.

The beach is nature's conversation and encounter with itself, a territory of strong and soft endearment, a space that enables us to belong. It is a very human space. The mountain, the forest and the desert impose their magnificence, making us feel small. In the beach on the other hand nature rests. It is a domesticated place. Mexican architects discovered this spirit and have made it

Los arquitectos mexicanos han logrado descubrir ese espíritu y lo han hecho presente en las secuencias de espacios, en los múltiples rostros de las casas, en la sabia combinación de materiales de la región, convirtiendo el agua en espejos, el barro en macetones, las palmas en alfombras y en techos espléndidamente tejidos, los árboles en vigas y en columnas vivas.

A la playa vamos a jugar, a recrearnos en la siesta y en la fiesta, a disfrutar del paisaje con los cinco sentidos. El ritmo de la actividad es cambiante: la mayoría de las veces suave y lento, adagio, a veces se torna en vitalidad explosiva. Dormir, comer, jugar, bañarse, platicar, callarse y estar -sobre todo estar- son los quehaceres a los que convoca la playa.
Son los mismos quehaceres de cualquier otra parte. Pero suceden de una manera diferente, en una arquitectura abrazada intensamente a la naturaleza y a uno mismo.

present in the chain of open spaces and in the many faces of the houses, in the savvy combination of regional materials, turning mud into planters, palms into rugs and into beautifully woven roofs and trees into beams and life columns.

We go to the beach to play, to enjoy a siesta and a fiesta, to find delight in the landscape using our five senses. The rhythm of activity is changeable, soft, gentle and slow at times, taking an explosive vitality at others. The beach invites us to sleep, eat, play, bathe, talk and be silent; it especially invites us to live.
These activities are no different from those in other places. But, they happen in a different manner, in an architecture intensely connected to nature and to self.

NATURAL IMPRESSIONS

accesos y exteriores

¿Cuántas caras, cuántas fachadas tiene una casa en la playa? ¿Dónde termina la casa y dónde empieza la naturaleza? ¿Cuáles son los materiales naturales y cuáles los hechos por la mano humana?

En las casas de playa las entradas son salidas y las salidas entradas. Lejos de la formalidad de un acceso diseñado para acentuar el poder de la arquitectura, estos umbrales, estos pórticos y estas puertas nos invitan a participar del gozo de estar vivos. Porque aquí la naturaleza es aliada y cómplice, podemos experimentar cada uno de los pasos al movernos entre el exterior y el interior, en una sutil secuencia de quiebres al dar vuelta, al subir o al bajar, en una continuidad suave como la brisa vespertina o como la música de Bach.

NATURAL IMPRESSIONS
accesos y exteriores

How many faces and façades are there in a beach house? Where does the house end and where does nature begin? Which materials are natural and which are manmade?

In beach houses entrances are exits and exits are entrances. Far from the formality designed to accentuate the power of architecture, these façades, entrances, porches and doors invite us to feel the enjoyment of being alive. Here nature is friend and partner, allowing us to experience every step as we move in and out, while we turn around or go up and down in constant movement, as fuid as the evening breeze or a sonata by Bach.

La vegetación tropical, exuberante y envolvente, da forma a los espacios de la arquitectura y es limitada por ella. Gracias al clima, en la playa el pórtico se transforma: la palapa protectora y la dignidad de las columnas tan clásicas como las del Partenón, consiguen una dimensión humana y una privacidad completa.

Tropical, exuberant, surrounding vegetation gives shape to architectural spaces and is limited by it. Because of the climate, in the beach the porch is transformed; the protective palm shelter and the classic dignity of columns--like those at the Parthenon—-are cut down to a more human dimension, providing complete privacy.

El encuentro entre la naturaleza y la arquitectura es suave y amable. Las enredaderas de flores y los setos se convierten en recubrimientos y en muros, las palmeras en columnas que señalan la entrada y marcan el primer plano de un paisaje abierto. Las rocas del mar se transforman en un muro de piedra, cuya línea serpentea para hacerse espuma sobre la arena. Todo el color es natural. La arquitectura hecha por la naturaleza; como si ella fuese la verdadera autora.

The meeting between nature and architecture is soft and gentle. Climbing flowers and hedges become fences and walls, palm trees turn into columns, indicating an entrance or marking the open landscape. Sea rocks, transformed into a rock wall, winds, becoming foam on the sand. All colors are natural in an architecture made by nature as if it were its creator.

También la naturaleza es domesticada por la arquitectura: los troncos, las varas y la palma, sabiamente conjuntados para crear escenarios privados, son espacios para gozar del exterior estando adentro. Espacios de diálogo entre la luz y la sombra.

Nature, domesticated by architecture: logs, beams and palm trunks wisely put together, assembled to create private settings, become spaces to stay inside while being out, spaces of conversation between light and darkness.

Siempre abierta a la tibieza de la noche la fachada es una silenciosa sucesión de ambientes como los planos de un escenario, bajo la serena generosidad de la palapa, que anuncia espacios sorprendentes. Algo tiene que ver con nuestro propio interior, algo toca de nuestro propio silencio. La alberca extiende la placa de su espejo. Solamente los grillos y las olas lejanas saben que ahí se conservan reflejos de la fiesta.

Always open to the warmth of the night, the façade is a silent chain of ambiances that go from the outside in, under the serene generosity of the palm shelter. It announces surprising spaces inside, touching our own silence. The swimming pool extends the surface of its mirror. Only crickets and the distant waves know about the remains of the fiesta.

Porque las cubiertas están sometidas al intenso rigor del clima, se requieren respuestas inteligentes. La palapa, una piel gruesa pero ligera, responde exitosamente a esa demanda natural aislando del calor, dejando pasar la frescura de la brisa e impidiendo el paso de la lluvia. Pero, además, es una fachada adicional. Por los quiebres de los terrenos que obligan a subir y bajar en torno a la construcción, estas cubiertas suelen ser la cara más importante, lo primero que muestra de sí misma la casa.

In Mexican beaches rain, wind and heat demand intelligent answers since roofs and covers are always at the mercy of the weather. The palm shelter, a resistant but light skin, has always responded by insulating heat, letting the breeze go through while keeping out the rain. The roof is an additional façade. Because the uneven terrain forces to go up and down around the construction, these covers could be the most important façade, what is first seen in the house, surfaces announcing the richness and spaciousness of the interior.

A pesar de estar abiertos al cielo estos espacios consiguen, frente a la inmensidad, condiciones de privacidad casi íntima. Es posible afirmar con seguridad: "aquí y allá". Los pretiles señalan límites precisos y separan a la naturaleza del ámbito humano. Pero reconocen su valor: por ella y para ella existen.

In spite of being open to the sky, these spaces obtain an almost intimate privacy. One can point to "here and there" with certainty. The outline sets the borders, separating nature from human ambit, but recognizes its value. They exist because of nature and for it.

Esta versión moderna del atrium, que los romanos concibieron como corazón de la casa, define con maestría un interior-corazón donde el cielo se ha desplomado para que la intimidad abra la puerta.

The modern version of the atrium, which the Romans conceived as the center of the house, masterly defines an interior, where the sky descends into a place where intimacy can opens its doors.

También las tejas son un material ancestralmente sabio. Generan superficies planas que protegen los interiores aislando el calor y manteniendo al agua afuera. Y otorgan a la "fachada de arriba" una textura rica, con un lenguaje artesanal de valor universal.

The roof tile is made of ancestral material. This usually flat surface protects the interior of the house by insulating it against heat while keeping water out. It gives the "upper façade" a rich texture and craftsmanship with a universal appeal.

La atmósfera del desierto, frente al mar, constituye un contraste tan grande y tan atractivo como el acto de magia por el que la cama blanca y suave se convierte en muro.

The desert-like environment in front of the ocean creates a contrast like an act of magic that transforms a white soft bed into a wall.

La continuidad de las superficies interiores, donde la escalera es una cascada inmóvil atrapada en un túnel de color, reduce las distancias de la vista y enriquece los ecos del oído. Su destino es una interrogante que nos recuerda la dimensión humana del movimiento.

The continuity of interior surfaces where the stairway is a frozen cascade, trapped in a tunnel of color, diminishes distance for the eye and enriches echoes for the ear. It reminds us of human movement.

Para construir el escenario de la vida jugamos con la naturaleza, la acariciamos, la abrazamos, doblamos la sombra, tomamos un poco de agua y la hacemos cantar. Tocamos así la sustancia con que están hechos los dioses: creamos.

In order to build life's stage, we play with nature, caressing it and embracing it. We bend the shadow, take some water and make it sing. We touch the substance that gods are made of. We create.

El piso de barro y la cubierta de palma, los desniveles y las columnas vivas, las plataformas de piedra o de agua, todos los elementos tienen como objetivo reunirse para definir, matizar y enriquecer al espacio. El espacio es la materia prima de la arquitectura. Al dar forma a un espacio nos ponemos en un lugar. Y al ponernos en un lugar nos definimos a nosotros mismos y confirmamos el valor único de ese momento.

The dirt floor and palm covering, the unevenness of the landscape and the living columns, the stone or water platforms define, color and enrich the space. Space is the raw material of architecture. When we shape a space we put ourselves in a place. When we put ourselves in a place we define our being and confirm the unique value of each moment.

Al construir los espacios nos apropiamos de un lugar y reforzamos nuestra capacidad para estar. Ejercemos el poder al decir: "estoy aquí, adentro" o "estoy aquí, afuera". Para eso construimos, para eso nos movemos. Para sabernos vivos.

When we build spaces we appropriate a place and reinforce our capacity to be there. We exercise power when we say, "I am here, inside", or "I am here, outside." That is why we build, to know we are alive.

La combinación de tejas y palma recortada, en un notable juego geométrico, establece un contraste de color y de forma con el paisaje.

Con claridad queda establecido el valor de la "fachada de arriba", los techos, cuyas formas planas indican la presencia inconfundible de lo humano en la inmensa belleza del entorno natural.

The combination of roof tile and combed palm is a geometrical game that creates a contrast of color and form within the landscape.

The value of the "upper façade" has clearly been established by the roof, with its flat shape, pointing to man's unmistakable presence within nature's splendor.

Esencialmente todas son iguales. Todas son un apretado tejido de hojas de palma, tendido sobre una estructura de madera hecha con troncos, vigas y varas. Por eso representan un gran reto a la creatividad. Ligeras, económicas y funcionales —casi obligatorias en la playa— son cubiertas protectoras y son también esculturas. Todas son iguales, pero todas son diferentes.

They are essentially the same. These covers called "palapas" are a tight weave of palm leaves over a wood structure made of logs, beams and poles. They represent a challenge to creativity. Light, inexpensive and functional-—almost a must in the beach—-they work as protective covers while at the same time being sculptures. They look alike and yet different.

El umbral es un espacio que separa sutilmente, con una puerta que invita a penetrar al interior y, al mismo tiempo, obliga a detener el paso.

El uso del adobe, tierra hecha muro, aporta una intimidad que recuerda la caricia de la mano del artesano y subraya el carácter privado del umbral. Trasladarse, caminar entre espacios interiores, puede ser una experiencia en sí misma. En la buena arquitectura no hay espacios secundarios.

The threshold is a space that subtly separates with a door that invites to go inside and gently detains. The use of adobe--dirt made wall--gives and intimacy that recalls the soft touch of the craftsman's hand and emphasizes the privacy of the entrance. To go from one interior space to another could be an experience in itself. In good architecture there are no secondary spaces.

La noche es especialmente favorable para que la arquitectura juegue con los sentidos y realice actos inesperados. La casa se transforma recortando su perfil impecable sobre el cielo, las luces subrayan la calidez de los espacios, los muros se aligeran, las cubiertas flotan, surge el fuego de colores nuevos y se revelan secretos ocultos durante el día.

The night is especially favorable for architecture to play with the senses and perform unexpected actions. The house is transformed, showing its perfect profile over the sky. Light emphasizes the warmth of the spaces. The walls become lighter, the covers float, the fire of new colors spring up and the day's hidden secrets are revealed.

El milagro de la vida parece algo normal, insignificante, cuando nos envuelve permanentemente —durante horas— el estallido de las plantas y sus perfumes, el viento cálido, el mar y el cielo alto. Entonces es fácil olvidar su fragilidad, su impermanencia, el irremediable paso del tiempo. Para recordarlo, es útil el contraste: un cactus, la sombrilla blanca, una mujer de bronce.

The miracle of life seems normal and insignificant when it surrounds--us for hours--with the explosion of aroma from plants, the warm air, the sea and the high sky. It is then easy to forget life's fragility, its lack of permanence, the unstoppable passing of time. Contrast is a good reminder: a cactus plant, a white umbrella, a bronze woman.

INTERIOR STYLE
estancias y comedores

Al contrario de lo que sucede en la ciudad, donde están conformadas por espacios diferentes y cerrados, las casas en la playa son un conjunto de interiores y exteriores que se van integrando en una secuencia. Se pasa así, del macro-cosmos del mar y del cielo, al ambiente doméstico de la soledad, el encuentro y la convivencia. En estas casas hay lugares para estar y comer, sí, pero de una manera diferente. Porque lo que verdaderamente cuenta es el carácter que imprimimos al modo de estar, en la playa esta es una de las actividades principales. No importa tanto el tamaño ni la belleza total de la casa. Importa, sobre todo, su capacidad para ayudarnos a distinguir lo medular de la vida, que con frecuencia extraviamos; importa su capacidad para dejarnos estar como somos verdaderamente.

INTERIOR STYLE
estancias y comedores

Contrary to the city where spaces are separated and closed, houses on the beach are made of a sequence of integrated interiors and exteriors, going from sky and sea macro-cosmos to the domestic atmosphere of solitude, encounter and cohabitation. In these houses there are places to stay and eat but done in a different manner. What counts is what we do to our modus vivendi at the beach. The size and beauty of the house is not important. What matters is its capacity to help us discern the meaning of life, which we frequently misplace, as well as its ability to let us be the way we are.

La arquitectura de las casas de playa, en las estancias y en los comedores, tiene que promover una actitud libre y relajada. Por eso son parte fundamental de sus espacios los muebles y la forma en que estos se adaptan o se integran a la arquitectura. El mantenimiento, la limpieza y la protección contra los insectos, son aspectos tan importantes como la belleza misma de la casa.

The architecture of beach houses, in their sitting and dining rooms, should encourage a free and relaxed atmosphere. The furniture, and the way it adapts and integrates to the architecture, is fundamental. Maintenance, cleaning and protection against insects are as important as the beauty of the house.

La playa invade los interiores con el oro de la arena, integrando muros y pisos, muebles y esculturas. La luz artificial matiza. La luz del sol, por el contrario, genera sombras dramáticas.

The beach invades interiors with the gold of its sands, integrating it to walls and floors, furniture and sculptures. Artificial lighting gives brightness. Sunlight, on the other hand, generates dramatic shades.

En este escenario las columnas son personajes de primer plano, actores principales. Pulidas y rectas, pertenecen al interior, cuyo refinamiento se expresa en el color de la vajilla, en la disposición de la mesa y el color de las sillas. Afuera, las columnas tienen su eco en troncos de palmera que enmarcan al paisaje e invitan a caminar o estar suelto, a un bien-estar. Hay lugares hechos para mirar y otros para mirar al que mira. Son lugares que se comportan como un juego de espejos, como un doble escenario en el que podemos preguntarnos quiénes son los verdaderos actores.

In this scenario, columns are main characters and actors. Those polished and erect belong to the interior, their refinement reflected in the color of dishes, in the setting of the table and in the color of chairs. Outside, columns are echoed by the palm trees framing the landscape, inviting to walk, hang out or simply enjoy a sense of well-being.

There are places made to be admired, and others to return the gaze of the observer to be observed by the onlooker. These are places that behave like a set of mirrors, like a double stage, where we ask ourselves who the real actors are.

También hay fiestas para el tacto, que disfruta los contrastes. La piedra bien aparejada, con el mismo color dorado de la arena, aporta sin embargo una textura más gruesa y más firme. Los muros, aquí, tienen una piel dura y resistente que acentúa la sensación de estar protegido, contrastando con la suavidad del piso. En el comedor, la mesa despierta al apetito y el color entabla una conversación jugosa con el jitomate, el mamey y la sandía. Una verdadera promesa para el gusto.

There is also enjoyment for the sense of touch that likes contrasts. The prepared stone has the same gold color as the sand, with a thicker and firmer texture. The walls here have a harder and resistant finish, giving the impression of being protected, in contrast with the softness of the floor. The table in the dining room awakens the appetite and the color reminds us of tomatoes, mameys and watermelons, a promise for the palate.

Una versión tropical de la rotonda clásica que, con las columnas y la estructura cónica de la cubierta, abarca, crea y señala un centro casi sagrado. Un espacio con espíritu elevado. El lugar de la conversación y del encuentro, al que invita la generosidad de los sillones. El lugar para compartir un paisaje enmarcado como si fuera obra maestra de museo.

A tropical version of the classic rotunda, the columns and the conic structure of the cover create an almost sacred place, a space with a spirit, a place for conversation and encounter, invited by the soft sofas. This is a room to share with others the framed landscape as if it were a museum masterpiece.

Los árboles-raíz, transformados en columna, adquieren una presencia simbólica: el árbol es guarida y refugio. Es también vida y crecimiento. En esta casa, la naturaleza se ha apropiado del espacio y parece invadirlo pero, a su vez, ha sido domesticada por una técnica suave y amable. El resultado es un equilibrio en que salen ganando ambas, la naturaleza y la arquitectura.

The root-trees, turned into columns, acquire symbolic presence that is shelter and sanctuary, and also life. In this house nature has taken over the space, and at the same time it has been domesticated by a soft and gentle technique. The result is a balance where nature and architecture are both winners.

Tres escenarios. En la Bahía de Zihuatanejo, los veleros aportan la luz, el movimiento y el ritmo. En la terraza, la ligereza de la sombrilla parece acercar un mástil. En el interior, la penumbra de oro enriquece el contraste entre el tronco nervado de la columna y el mueble con molduras propias de un refinamiento urbano.

Three scenarios. In the Zihuatanejo Bay sailboats create the lighting, movement and rhythm. In the terrace, the lightness of the umbrella makes it look like a mast. In the interior, the golden twilight enriches the contrast between the natural roughness of the column and the wood with its molding and urban refinement.

El espacio encuentra su expresión completa cuando son atendidos todos los detalles con el mismo cuidado. Cuando los muebles y los objetos expresan los modos en que los habitantes utilizan a la arquitectura. La perfecta disposición de las vigas, los escalones insinuando al desnivel; vasijas y cojines, sillas y mesas, un sistema de objetos que dialogan entre sí.

The space finds its complete expression when each detail is addressed with care, when furniture and other objects express the way its inhabitants use architecture. The perfect placing of the beams, the steps going up and down levels, the vases and cushions, chairs and tables, are objects that communicate among themselves.

Los juegos de la luz crean ilusiones y transforman el espacio, como si se tratase de un espejismo. Las vigas, las persianas y los soportes horizontales producen efectos propios de una atmósfera que recuerda a la Alhambra. La forma y el tamaño, el bejuco y las fibras de los muebles, el color y formas de los cojines; la pintura desbordantemente vital, todo diseñado también por el arquitecto, contribuyen a que el conjunto tenga un carácter único.

Light movements create illusion and transform the space as if it were a mirage. Beams, blinds and horizontal supports bring back an Alhambra atmosphere. Form and size: shape, color, reed and fibers of the furniture, shape and colors of cushions, the richness of the paint, everything designed by the architect contributes to give the whole a unique character.

Este espacio, notablemente austero, define con precisión lo que es propio de la naturaleza y lo que corresponde a la hechura humana. La buena arquitectura sabe cómo enmarcar al paisaje natural, engrandeciéndolo y engrandeciéndose a sí misma.

This austere space defines with precision what is inherently natural and what manmade. Good architecture knows how to frame nature's landscape, enlarging it and making it enlarge itself.

El dibujo del mosaico, en el piso, manifiesta un cuidado especial, la pasión por el detalle que responde a la perfecta precisión de la naturaleza. La mesa redonda, las sillas y el muro bajo acentúan la disciplina del círculo, una forma que reúne y convoca a compartir bajo la palapa, abarcante como un refugio primitivo.

The drawings in the mosaic floor show a special care and passion for detail, in response to nature's precision. The round table, the chairs and the lower wall emphasize the circle, a form that under the palm shelter unites and calls to share with others this primitive refuge.

La altura y la disposición de las columnas, así como la ligereza con que soportan al techo y la solidez con que se apoyan sobre el piso —que las refleja duplicando su tamaño— otorgan a esta estancia una dignidad clásica. Quedan afuera el sol y el desordenado orden de las palmeras, para que el interior mantenga la frescura y la serenidad propia de un templo particular. Los muebles se integran con la armonía de lo que ha sido creado por la misma sensibilidad.

The height and arrangement of the columns, as well as their light yet solid support of the roof, lean against the floor —its reflection doubling their size— giving the room classic dignity. The sun and uneven palm trees are left outside so the interior keeps its freshness, and the serenity of a temple. With the same sensibility the furniture integrates with harmony to what have been created.

La digna formalidad del comedor, donde todo ha sido diseñado por el arquitecto, encuentra su equilibrio con la doble apertura del muro a la atmósfera artesanal de la terraza.

The formality of the dining room --where everything has been designed by the architect-- finds its balance with the double opening of the wall to the primitiveness of the terrace.

Hechos para la fiesta de los alimentos terrestres, para el gozo del vino y de las especias, del pan recién horneado y el pescado fresco, estos espacios hacen del momento de la comida una experiencia entrañable en la que todos quepan, en grupos pequeños, para la conversación cercana pero compartida.

Made for a feast, for the enjoyment of wine and spices, warm bread and fresh fish, these spaces turn the event of eating into a deep human experience, intimate and unique.

INTIMATE SPACES
recámaras y baños

Quien piense que se descansa y se duerme de igual manera en un departamento de la gran ciudad, que en una casa en la playa, se equivoca. En estas casas, dormir significa perderse en el silencio de la noche para soñar en libertad: es una inversión propia del espíritu. En el corazón de la casa, sabiéndose rodeado del mar y bajo un aguacero de estrellas, con el aroma que huele de noche y el resplandor del reciente atardecer, el silencio adquiere la calidad de una música profunda, solo accesible para quien vive en el amor.

INTIMATE SPACES
recámaras y baños

Whoever thinks you can rest and sleep in an apartment in the big city the same way you can in a house on the beach is mistaken. In these houses sleep means to get lost in the silence of the night to dream in freedom. This is an investment for the spirit. In the heart of the house, surrounded by the ocean and night's aroma, under a rain of stars, in the radiance of the late afternoon, silence becomes music accessible only to those who live with love.

La textura y el color del adobe, tierra acariciada, sirven de fondo para destacar la limpieza de los mosquiteros de tela, que son también cortinas de la intimidad. Esta es la esencia del refugio humano, lugar del reposo y de la palabra verdadera. Lugar del fuego breve y la luz cercana.

The texture and color of the adobe serve as background to highlight the cleanness of the fabric of the mosquito net that is also a division for privacy. This is the essence of a human sanctuary, a place of rest and truth, brief fire and light.

La combinación de materiales de orígenes tan diversos produce un resultado en el que la amabilidad y el confort van de la mano con el funcionamiento práctico, la limpieza y el mantenimiento: la madera, el adobe o el mármol de los artesanos locales encuentra su complemento inteligente con los accesorios, las llaves y las regaderas, el cristal templado y los espejos, fruto de la moderna tecnología internacional.

The combination of materials from different and diverse origins produce a comfort and affability that go hand in hand with its practical use--cleaning and maintenance of wood, adobe or local marble—-in complement with accessories like faucets and showers, crystal and mirrors, fruits of modern international technology.

Algunos materiales, como el cristal y el espejo, nos ubican en la tecnología del siglo XXI. Otros, como el mármol y el azulejo, en la Roma Imperial doméstica. Las varas y los troncos, en una tradición popular que está fuera del tiempo. La libertad con que esta arquitectura define y combina sus elementos y la forma en que se abre al paisaje desde un baño, es el reflejo del modo en que sus habitantes viven y se relacionan.

Some materials like crystal and mirror, bring us to 21st-century technology, others like marble and mosaic tile take us to Imperial Rome, logs and sticks to a timeless popular tradition. The freedom that this architecture defines, combining elements and form and opening the bathrooms to the outdoors, is a reflection of how their inhabitants live and relate.

Una cama encerrada entre telas ligeras es tal vez el espacio más privado, el lugar de mayor intimidad en una casa. A los velos de los mosquiteros que encierran una cama se les llama también "pabellón", porque establecen un límite sutil, creando un espacio dentro de otro espacio. Dormir en un lugar así significa una experiencia de doble protección. Es como volver al seno materno para renacer con cada nuevo día.

A bed within light linens is probably the most private space, the one with the most intimacy in a house. The veils of the mosquito net are also called "canopy" because it creates a space within a space. To sleep in a place like this is like having double protection, like going back to the maternal womb to a rebirth each day.

En el Pacífico mexicano la luz es muy intensa. Para renacer con la luz después del sueño, cada día, hay que quebrarla en celosías y persianas, que fueron inventadas por los arquitectos, hace cientos de años. Con este invento la luz se convirtió en un material más, como la piedra y la madera, sujeto a la voluntad del habitante.

In the Mexican Pacific, light is very intense. In order to spring up again with this light at each awakening, it has to be broken with curtains, drapes and shutters—-invented by architects a hundred years ago. With this invention light became another material like stone and wood, subject to human will.

Con las puertas cerradas el espacio de las recámaras adquiere una privacidad completa y su calidad se hace más evidente: su tamaño, su forma, la suavidad y riqueza del color que lo define y los modos en que se divide y se ilumina. Entrar en un espacio así es algo parecido a cerrar los ojos para estar con la mejor compañía, para regresar al centro de uno mismo, para dialogar con el propio corazón.

With closed doors a bedroom's space acquires complete privacy and quality, with its size and form, with the softness and richness of color that define it, and with the way it is divided and illuminated. To go inside this type of space is similar to closing one's eyes to be with oneself, to talk with one's heart.

En las casas de playa por el calor y por la sal del mar, por la arena y por el simple gusto, los baños son espacios utilizados varias veces a lo largo del día. Destinados al placer del agua dulce, del agua amable y fresca, de los aceites y los perfumes, nos recuerdan su doble origen: en la cultura árabe de Andalucía y en los pueblos prehispánicos, para quienes el agua fue un don divino. El gusto por el baño, como una experiencia que recorre el cuerpo para alimentar al espíritu, es una herencia doblemente valiosa.

In beach houses, because of the heat and the sea salt, the sand and our own desire, bathrooms are spaces used several times a day, where the pleasure of sweet, fresh water, oil and perfumes, remind us of bathroom's double origin. In Andalucia's Arabic culture and in pre-Hispanic towns, where water was a divine gift, the desire for a bath as an experience that would run trough one's body and feed the sprit, is an inheritance twice valuable.

La luz y el color son la sustancia principal de este pequeño espacio, que se agranda gracias al espejo. Para el encuentro con uno mismo, el espejo y la luz son poderosos aliados porque nos permiten mirarnos con ojos nuevos, reconocernos y reconciliarnos. La celosía de madera, duplicada en el espejo, es una referencia abstracta del harén árabe y la gran olla de barro que contiene a las toallas una ofrenda silenciosa, con sabor prehispánico, al bienestar personal.

Light and warmth are the main components of this small space, which seems larger because of the mirror. To an encounter with our self the light and the mirror are powerful allies, because they let us see our image with new eyes, coming to terms with who we are. The wood shutters, reflected in the mirror, are an abstract reference to an Arab harem, and the great ceramic pot holding the towels is a silent offering, with a prehistoric flavor for our well-being.

El paisaje se asoma por la puerta. La recámara se llena del rumor del viento que traspasa las palmeras, del canto de los pájaros, de la risa de los niños, de las incansables olas rompiéndose en espuma, de las voces de las mujeres y el aroma del café recién hecho. El silencio espera su turno.

The landscape peeks inside the door. The bedroom fills with the murmur of the wind that runs through the palm trees, with the singing of birds, children's laughter, the breaking of the waves into foam, the voices of women and the aroma of fresh coffee. Silence waits its turn.

La siesta, en México, es la otra cara de la fiesta y tan sagrada como ella. Con el sol casi dormido, cayendo en diagonal, la siesta se hace más fácil y más placentera. Para eso se crearon los muros que se deshacen en cojines y almohadones, dóciles y blandos.

The siesta in Mexico is the other face of the fiesta, as sacred as this one. With the sleepy sun going down, a nap is easier and more pleasant. This is why the walls, disintegrating into soft pillows and cushions, were created.

Los lavabos, las tinas y las regaderas son muebles que han sido diseñados y perfeccionados industrialmente, para ser producidos en forma masiva. En estas casas, sin embargo, los baños tienen un uso constante, un carácter propio, en ocasiones abiertos al paisaje o con entradas directas del exterior. Su signo dominante es el placer y el bienestar y a eso se sujeta el diseño de cada una de sus partes. Por eso tal vez más que las recámaras, las estancias y los comedores, los baños representan una excelente oportunidad para la creatividad de los arquitectos.

Washstands, bathtubs, and showers have been designed to perfection and are produced massively. In these houses, however, bathrooms are used constantly. They have a unique personality, sometimes they are opened to the outside, having their own entrance. The design of each part is geared to provide pleasure and well-being. More than the bedrooms, sitting and dining rooms, the bathrooms represent an excellent opportunity for the architect's creativity.

Las casas son también habitadas por los objetos, que comunican permanentemente lo que sus dueños sienten y piensan. Los objetos, cualquiera que sea su origen y su utilidad (o su inutilidad) nos pertenecen tanto como nosotros pertenecemos a ellos. En las camas y en las cortinas, en los canastos y en las toallas, inevitablemente dejamos la huella de nuestro paso por la vida.

These houses are also inhabited by many objects that absorb what their owners dream and feel. Whatever the origin and use of these objects, they belong to us in the same way we belong to them. In the beds and drapes, in the baskets and towels, we inevitably leave the footprints of our journey through life

El orden austero y la sencillez en el color y en los materiales, la luz apenas escurriendo por los muros de esta recámara, son los elementos mínimos necesarios para expresar la serenidad. Una serenidad que nos toca y nos despierta, calladamente, haciéndonos comprender la riqueza del paisaje natural, por otro orden regido. Otra vez, si sabemos hacerlo, podemos escuchar el diálogo entre la arquitectura y la naturaleza.

Austere order and simplicity of color and material, light running down the walls of the bedroom, are the minimal elements needed to express serenity, a serenity that touches and softly awakens us, making us understand the beauty of the landscape. If we know how to do it, we could listen to the dialogue between nature and architecture.

A partir del esquema de las casas prehispánicas, la recámara recupera un espacio generoso sobre todo por su altura, con todas las virtudes que hacen de la choza un espacio extraordinariamente habitable: económica y ligera, resistente al viento, respetuosa del equilibrio ecológico, ventilada y fresca, protectora del sol y de la lluvia. El contacto con la naturaleza es completo.

Coming from the tradition of pre-Hispanic houses, the bedroom recovers its space, especially in its height, making it economic, light, resistant to the wind, respectful of the environment, airy and fresh. The contact with nature is complete.

OUTDOOR LIFE
albercas y terrazas

El mar replicado, domesticado, atrapado entre las manos y endulzado, baja al cielo en las albercas. Este es el reino del plano horizontal, de las líneas horizontales. La mano de obra tiene aquí su prueba de fuego, pues el agua es insobornable, tiende siempre hacia lo bajo, busca filtrarse siempre y mantiene la horizontal perfecta. La alberca —término árabe como pocos— duplica, aligera, refresca. Nos recuerda el milagro del Generalife en Granada. Las albercas son espejos y plataformas para la vida. Las terrazas y las pérgolas, las fuentes y las galerías, los miradores y asoleaderos, complementan estos escenarios construidos para el arte de vivir con plenitud en el mundo.

OUTDOOR LIFE
albercas y terrazas

The ocean, replicated, sweetened, trapped inside the hands, comes down from the sky to the swimming pool. This is the kingdom of horizontal lines. Workmanship is tested here since the water is not easily tamed--running downstream—-looks for a way to dwindle, always keeping a perfect horizontal--the swimming pool. It reminds us of the miracle of the Generalife in Granada. Swimming pools and mirrors are platforms for life. Terraces and pergolas, fountains, galleries and porches, complete the construction made for the art of living fully in the world.

Como las escaleras, los pisos y los muros, también las palmeras y la explosión de color de la bunganvilia, controlada por la mano del hombre, son materiales para hacer arquitectura. La integración de los espacios hace imposible distinguir entre el jardín y la casa. Todo es un conjunto que fluye en un recorrido pausado, en una experiencia completa.

Like the stairway, floor and walls, the palm trees and the explosion of color in the bougainvillea-—controlled by human hand—-are also materials used for architecture. The integration of spaces makes it impossible to separate the garden from the house. All of it flows together.

Responsables de establecer el ritmo del conjunto, las palmeras aumentan su esbeltez al reflejarse en el espejo y señalan un eje que va de la casa, al mar, para pasear la mirada por la superficie del agua. Al fondo, las columnas son una réplica y un entramado de espacios que invitan al descubrimiento. El paisaje se entreteje con la arquitectura de tal manera, que no podría existir sin ella.

The palm trees, responsible for the integration of the whole, increase their height in the mirror's reflection, making a line that goes from the house to the sea, to walk with the eyes along the water's surface. In the back the columns are a replica and a framework of spaces that invite to search. The landscape is woven in the architecture in such a way that it would not exist without it.

El árbol encuentra en esta casa una moderna interpretación de su imagen ancestral como refugio, maestro y protector de los hombres. La técnica constructiva ha sabido aprovechar la expresión natural, salvaje —de un tronco nervado por las ramas— incorporándola al refinamiento de los pisos y al confort de los sillones en un espacio que parece ganado a la selva.

The tree finds in this house a modern interpretation of its ancestral image as shelter, teacher and protector of men. Construction technology takes advantage of wild nature; a twisted tree trunk is incorporated to the refinement of the floor and the comfort of the chair in a space that seems to have been taken from the jungle.

En un juego de espejos entre el cielo, el mar y la alberca, los perfiles de la costa y la vegetación desbordada acentúan el refinamiento del espacio. Los materiales naturales, troncos, varas y palmas, se disciplinan en una técnica popular y aceptan con docilidad el abrazo de las cuerdas.

In a game of mirrors between sky and sea, the swimming pool, the coastline and the vegetation, accentuate the refinement of the space. Natural materials: logs, sticks and palm trees, popular techniques, accept the embrace of the cords.

Desde que Luis Barragán logró manejar la superficie del agua como otro elemento arquitectónico, como una pura lámina de cristal —definida y limitada por ella misma— los arquitectos mexicanos han desarrollado incontables variaciones en depósitos, fuentes y albercas. Los resultados han sido notables pues no solo el agua, sino la vegetación, los materiales, el color y las formas, se han incorporado a un lenguaje que obtiene, con un mínimo de elementos, una atmósfera rica en su expresión y profundamente humana.

Since the time Luis Barragán managed to use the surface of the water as another architectural element, like a crystal sheet, Mexican architects have developed innumerable variations in deposits, fountains and swimming pools. The results have been amazing because not only water but vegetation, materials, color and form, have been incorporated to obtain with a minimum of elements, a rich atmosphere, profoundly human.

El reflejo de la arquitectura en las albercas tiene un efecto poderoso. Nuestros sentidos se alimentan. El viento tiembla sobre el agua que es, al contrario del mar, dulce, ligera y fresca. Y siempre nos llevamos su indefinible aroma de regreso.

When architecture is reflected in swimming pools, it has a powerful effect. It feeds our senses. The wind trembles over the water that, unlike the ocean's, is sweet, light and fresh. We always take back its fragrance.

En el Pacífico mexicano el sol, tanto como el mar, tiene una presencia contundente y es siempre el protagonista principal. Los días sin sol se cuentan como excepciones, pues aún en temporada de lluvias las nubes suelen abrirse durante un buen rato, cada día. Por eso, en las casas aquí construidas, todos los patios y las terrazas, las azoteas y los balcones, tienen vocación de asoleadero. Para dar respuesta a esa vocación, la arquitectura inventa muretes, pretiles, pérgolas y enramadas que matizan la luz del sol y conforman áreas que van, desde la apertura total a sus rayos, a la tibieza de la sombra y la frescura de la penumbra.

In the Mexican Pacific the sun and the sea have an overwhelming presence and they are the protagonists. Days without sun are exceptions; even in the rainy season the sky opens up for periods of time every day. This is why in the houses built here, all patios, terraces and balconies are places to bathe in the sun. To answer this need architecture invents small walls, railings, pergolas and groves to enhance the sunlight, bringing its rays to the coolness of the shade and the freshness of the semidarkness.

Como si el mar formara parte de la familia la Bahía de Zihuatanejo, cuando arde el cielo, se integra a la vida de la casa. Como respuesta, la palapa se convierte en espacio flotante. Una barca con estrellas.

As if it belonged to the family, when the sky burns, Zihuatanejo Bay integrates itself to home life. It becomes a floating space, a vessel with stars.

Los volúmenes cuadrangulares contrastan claramente con las formas naturales. Al hacerlos presentes en la costa o en la playa se obtiene un efecto sorprendente. Como si la casa de la ciudad irrumpiera en el centro de un mundo natural no tocado. Eso es parte del atractivo de Acapulco, que ofrece las dos posibilidades al mismo tiempo.

Squares and rectangles differ from nature's organic forms. These geometric figures obtain a surprising effect when tey are present in the coast and the beach, as if the house in the city suddenly erupted in the center of a natural world. This part of the charm of places like Acapulco which offers both possibilities.

La solución de los detalles pone de manifiesto la atención a los aspectos —a veces invisibles— que se ponen en juego cotidianamente: el mantenimiento fácil, la protección contra la humedad y los insectos, el clima y los estragos que puede causar si no se entiende su efecto sobre los distintos materiales.

The answer to detail is manifested in the care-—sometimes invisible—-given daily: easy maintenance, protection against humidity and insects, the climate and the damage done if there is no understanding of the different materials.

En la playa, la terraza es también un lugar para estar. Su propósito puede ser, principalmente, el disfrute pleno del paisaje y del sol, tanto como de la compañía apreciada para dejar pasar al tiempo en silencio o de la reunión en la fiesta. La terraza puede ser, también, un lugar para comer y beber. Estos espacios no son nada en particular y lo son todo. La arquitectura, lejos de la formalidad de funciones estrictamente planeadas, nos envuelve ofreciendo un escenario abierto para vivir. Así de simple para entender y así de complicado para crear.

In the beach the terrace is also a place to stay. Its purpose could be to enjoy the view, the sun, as well as company and to let time go by in the silence. The terrace could be also a place to eat and drink. These spaces are not for anything in particular but touch everything. Architecture offers here an open place to live. This is simple to understand but difficult to create.

Estanques de agua bajo la sombra de las palmas, música lejana y flores imposibles, ¿son espejismos o son espacios tangibles y verdaderos? Vibrantes la luz y la sombra, el sol y el agua, la luna y el canto de las cigarras, la miel y el vino: de estas cosas está hecho nuestro paso por el mundo.

Great pools of water under palm trees, music and flowers are illusions we turn into mirages. Sometimes these mirages become realities. Lights and shadows in constant movement, sun and water, grasshoppers singing, honey and wine, are created for us.

De la reunión con los amores, del alimento del cuerpo y del reposo para el espíritu está hecho nuestro paso por el mundo. Del descubrimiento de una salsa, imposible de describir, para acompañar a la tortilla recién salida del comal; de sentirse protegido bajo el techo que tejieron manos sabias, de eso está hecho nuestro paso por el mundo. De luciérnagas extraviadas en la noche temprana,

Our journey through this world brings together the nourishment of the body and the repose of the spirit. A sauce--impossible to describe—-to go with a hot tortilla, or to be under a roof woven by wise hands makes a better world for us. So does a firefly lost in the night, a solitary bell, the fragrance of a gardenia floating on the water, steps going down to our inner-soul and others

del canto de la campana solitaria y del aroma de aquellas gardenias flotando en el agua; de la sal compartida y de la seda flotando al viento; de unos escalones bajando al propio corazón y otros escalones que suben para mirar cómo se pone el sol. De la mirada atónita de los niños que nos toman de la mano frente a la eternidad del mar; del perfil de aquel cuerpo y las columnas de madera acariciada; de los pies desnudos que se hunden en la arena y del agua que corre al abrir la llave; de la paciencia de piedra de la iguana y las ruidosas palomas, de todo eso está hecho nuestro paso por el mundo. De la puerta que se abre en silencio y la ventana que se cierra cuando el día termina; de un barandal de bambú, una maceta con geranios, un aria de Mozart, una escultura de mármol y la olla donde hierve la Boullabaise; de una techumbre armada con troncos vivos que forman espacios sagrados para compartir en el amor, de eso está hecho nuestro paso por el mundo.

going up to see the sunset. Our world lights up when we see wonder in children's eyes as they stand in front of the ocean, when looking at wood columns or sinking bare feet in the sand and when we feel running water coming from a faucet. The patience of the iguana and the song of the pigeon, a door that silently opens and a window that closes at the end of the day, a bamboo rail, geraniums, an aria by Mozart, a marble sculpture, a pot of bouillabaisse, a roof made with logs that make sacred spaces to share with love, all that make our journey through the world. Architecture takes our walk through life, supports it and nourishes it throughout the centuries.

La arquitectura no hace sino envolver ese paso nuestro, darle sustento y apoyo, ecos y certidumbres, a lo largo de los siglos. La arquitectura nos hace humanos. Nada más, pero nada menos.

Architecture makes us human, nothing more, but nothing less. Besides making a place for gatherings, play and rest, swimming pools and decks reflect architecture, its lights and shadows.

Luis Mariano Acévez

La Magdalena Contreras, abril 2002

Agradecemos a quienes soñaron estas casas en la playa y hoy las habitan. También a los arquitectos que fueron capaces de convertir esos sueños en realidad. Sin su amable colaboración no hubiera sido posible publicar este libro.

We are grateful to those who dreamed the beach houses they inhabit today. Also to the architects who turned those dreams into realities. Without their kind contribution this book would have not been published.

INDEX
índice

55	Nicole Dugall
56-57	José Pintado
58-59	Enrique Zozaya
60-61	Nicole Dugall
62-63	Manuel Mestre
64-65	Enrique Zozaya
66	Marco Aldaco
67	-
68-69	Enrique Zozaya
70-71	Manuel Mestre
72	-
73	Fernando de Haro • Jesús Fernández • Omar Fuentes
74	Mario Lazo
76-78	Fernando de Haro • Jesús Fernández • Omar Fuentes
79	-
80-81	Fernando de Haro • Jesús Fernández • Omar Fuentes
82-83	-
84-87	Manuel Mestre
88-90	-
91	Enrique Zozaya
92-93	Santiago Aspe
94-95	Enrique Zozaya
96 (left)	Fernando de Haro • Jesús Fernández • Omar Fuentes
96 (right)	-
97	José Pintado
98-99	Marco Aldaco
100-101	Fernando de Haro • Jesús Fernández • Omar Fuentes
102	Mario Lazo
103	Marco Aldaco
104	Enrique Zozaya
105	Manuel Mestre
106-107	Marco Aldaco
108	-
109	José Pintado
110-113	Marco Aldaco
114-115	-

Se terminó de imprimir en el mes de Octubre del 2004 en Hong Kong.

El cuidado de edición estuvo a cargo de AM Editores S.A. de C.V.